BEI GRIN MACHT SICH IHR WISSEN BEZAHLT

- Wir veröffentlichen Ihre Hausarbeit,
  Bachelor- und Masterarbeit

- Ihr eigenes eBook und Buch -
  weltweit in allen wichtigen Shops

- Verdienen Sie an jedem Verkauf

Jetzt bei www.GRIN.com hochladen und kostenlos publizieren

Bibliografische Information der Deutschen Nationalbibliothek:

Die Deutsche Bibliothek verzeichnet diese Publikation in der Deutschen National-
bibliografie; detaillierte bibliografische Daten sind im Internet über http://dnb.d-
nb.de/ abrufbar.

Dieses Werk sowie alle darin enthaltenen einzelnen Beiträge und Abbildungen
sind urheberrechtlich geschützt. Jede Verwertung, die nicht ausdrücklich vom
Urheberrechtsschutz zugelassen ist, bedarf der vorherigen Zustimmung des Verla-
ges. Das gilt insbesondere für Vervielfältigungen, Bearbeitungen, Übersetzungen,
Mikroverfilmungen, Auswertungen durch Datenbanken und für die Einspeicherung
und Verarbeitung in elektronische Systeme. Alle Rechte, auch die des auszugsweisen
Nachdrucks, der fotomechanischen Wiedergabe (einschließlich Mikrokopie) sowie
der Auswertung durch Datenbanken oder ähnliche Einrichtungen, vorbehalten.

Impressum:

Copyright © 2015 GRIN Verlag
Druck und Bindung: Books on Demand GmbH, Norderstedt Germany
ISBN: 9783668670853

Dieses Buch bei GRIN:

https://www.grin.com/document/321203

Max Haunschmidt

Aus der Reihe: e-fellows.net schüler-wissen

e-fellows.net (Hrsg.)

Band 2724

Österreichische Alternativmusik anhand von "Der Nino aus Wien"

GRIN Verlag

GRIN - Your knowledge has value

Der GRIN Verlag publiziert seit 1998 wissenschaftliche Arbeiten von Studenten, Hochschullehrern und anderen Akademikern als eBook und gedrucktes Buch. Die Verlagswebsite www.grin.com ist die ideale Plattform zur Veröffentlichung von Hausarbeiten, Abschlussarbeiten, wissenschaftlichen Aufsätzen, Dissertationen und Fachbüchern.

Besuchen Sie uns im Internet:

http://www.grin.com/

http://www.facebook.com/grincom

http://www.twitter.com/grin_com

Österreichische Alternativmusik

anhand von „Der Nino aus Wien"

Verfasser/in: Max Haunschmidt

Klasse: 8

Schuljahr: 2014/15

Abgabe: 27.02.2015

Inhalt

1 Abstract

Sowohl die alternative als auch die deutschsprachige Musikszene in Österreich erlebt nach der Ära des „Austropop" eine Renaissance. Von Vorarlberg mit „HMBC" bis ins Burgenland, in dem „Ja, Panik" ihre Wurzeln haben, von Bands wie „Bilderbuch", die speziell die Jugend ansprechen, bis hin zu Urgesteinen der Musik wie das Quartett Ernst Molden, Willi Resetarits, Walther Soyka und Hannes Wirth, die 2013 mit „Ho Rugg" ein wohlgeformtes Dialektalbum erschufen.

Für meine vorwissenschaftliche Arbeit habe ich „Der Nino aus Wien" als Beispiel gewählt, da die Band viele dieser Aspekte verbindet. Erstens ist und bleibt Wien das Zentrum der österreichischen Musik. Zweitens vereint das Label „Problembärrecords" nicht nur Künstler und Künstlerinnen aus verschiedenen Genres, es schafft sogar den Bogen von der „Worried Men Skiffle Group" bis in die Gegenwart und spricht damit alle Generationen an. Und nicht zuletzt haben die deutschen Texte von Nino Mandl etwas Poesie in sich, was ihm nicht zu Unrecht den Ruf eines österreichischen Bob Dylan verschaffte.

2 Vorwort

Ich bedanke mich bei allen Personen, die mir mit ihren schriftlichen Erinnerungen und anderen Dokumenten die wichtigste Quelle für diese Arbeit lieferten. Namentlich sind dies: David Wukitsevits, Raphael Sas, Julia Reuter, Stefan Redelsteiner, Nino Mandl, David Hebenstreit und Wolfgang Kühn.

3 Einleitung

Die vorliegende vorwissenschaftliche Arbeit beschäftigt sich mit der Wiener Band rund um den Singer-Songwriter Nino Mandl. In den meisten Presseberichten wird jener als einzelne Person oft als „Der Nino aus Wien" bezeichnet. In folgender Arbeit jedoch bezieht sich der Name „Der Nino aus Wien" auf die gesamte Band rund um den genannten Künstler. Diese Entscheidung beruht darauf, dass in den aktuellen Alben als Urheber für den Text Nino Mandl, als Urheber für die Musik aber „Der Nino aus Wien" genannt wird. Weiters ist dieser Definition des Namens auch von allen derzeitigen Mitgliedern der Band in einem gemeinsamen, persönlichen Gespräch am 9. Mai 2014 zugestimmt worden. Bei diesem ersten Treffen wurde auch vereinbart, über Email in Kontakt zu bleiben, um die für eine (vor)wissenschaftliche Arbeit nötigen Informationen aus erster Hand zu bekommen. Den genauen Wortlaut der Emails, die einen Großteil meiner Quellen ausmachen, sowie einige Audiodateien finden Sie in digitaler Form auf der beigefügten CD.

„Alternativ" ist ein weiterer Ausdruck, der zu Missverständnissen führen kann. Die Verwendung im Titel der Arbeit soll darauf hindeuten, dass - unabhängig vom Genre -

Österreichische Musik im Mittelpunkt steht, die nicht von Sony BMG, Universal, EMI oder Warner, den „Majors", sondern von so genannten „Indie-Labels" verlegt wird. Ich erachte diese Musik als alternativ, weil Künstler und Künstlerinnen so ihre eigenen Ideen verwirklichen können, ohne eine Einschränkung durch Produzenten und Produzentinnen zu erfahren, deren Ziel ein Produkt ist, das möglichst oft und von möglichst vielen Menschen gekauft/gehört wird.

4 Die Entstehung der Band

4.1 Allgemeines

Die derzeitige Besetzung der Band entstand nach einigen Monaten der Personalrochaden während der Aufnahmen zum Album „Down in Albern" (Problembär Records, 2009) und besteht aus: Nino Mandl (Gesang, Gitarre), Paul Schreier (Bass, Klarinette, Gesang; bekannt unter den Namen „pauTi van pauTipauT", „pauT" oder „pauTi"), Raphael Sas (Gitarre, E-Piano, Ukulele, Gesang) und David Wukitsevits (Schlagzeug, Perkussion, Gesang). Die Gründungsgeschichte hängt eng mit der Gründung des Labels „Problembär Records" zusammen, nicht zuletzt weil der Geschäftsführer und Manager Stefan Redelsteiner selbst kurz mitspielte.

4.2 Zu den Personen

4.2.1 Stefan Redelsteiner

Stefan Redelsteiner wurde am 23.11.1982 in Wien geboren. Im Alter von 7-8 Jahren wurde er Beatles- und in weiterer Folge Musikfan. Später - mit etwa 14 Jahren - entwickelte er wachsendes Interesse für Alternative-Musik wie zum Beispiel die britische Rockband „Oasis" und beginnt selbst Gitarre zu spielen, was ihm aber laut eigenen Angaben „mehr schlecht als recht" (Redelsteiner, Stefan: „Re: Aw: Vorwissenschaftliche Arbeit über "Der Nino aus Wien"" und Anlage „Stefan Redelsteiner". (25.09.2014)) gelingt. Nach dem Schulabschluss und Zivildienst versuchte er sich in den Studien Theater-, Film- und Medienwissenschaften, Publizistik und Anglistik, wurde aber nie glücklich damit und ließ es schließlich ganz sein. Er konzentrierte sich auf seine musische Laufbahn als Gitarrist und Songwriter in verschiedenen Bands, die einen kleinen Bekanntheitsgrad nie überschritten. Er merkte, dass er zu oft eine, seinem musikalischen Können nicht entsprechende, Alphaposition einnahm und beschloss nach seiner Trennung von der Postrock Band „Slon" gemeinsam mit einem ehemaligen Kollegen aus eben jener Band das Label „Wunderbär Records" zu gründen. Nach einem Markenschutzstreit mit UNICEF, dessen Maskottchen „Tobs Wunderbär" heißt, benannten sie ihr Label in das heutige „Problembär Records" um. (vgl. Redelsteiner, Stefan: „Re: Aw: Vorwissenschaftliche Arbeit über "Der Nino aus Wien" " und Anlage „Stefan Redelsteiner". (25.09.2014))

4.2.2 Raphael Sas

Raphael Sas wurde am 12. August 1983 in Wien geboren, wo er auch aufwuchs. Seine Familie ist sehr musikalisch, weshalb er schon früh durch gemeinsames Singen und Musizieren gefördert wurde. Als Zehnjähriger begann er weitgehend autodidaktisch Gitarre zu erlernen, wobei ihn zu dieser Zeit die „Beatles, Beach Boys, Elton John, Michael Jackson, Queen, Wolfgang Ambros [und] Georg Danzer" (Sas, Raphael (2015): „Re: Arbeit über Der Nino aus Wien " und Anlage „Raphael Sas". (13.01.2015)) beeinflussten.

Während seiner Schullaufbahn im Gymnasium nahm er vereinzelt Gesangs- und Klavierstunden, wobei die Gitarre aber sein Hauptinstrument blieb. Mit 16 Jahren begann er eigene Songs zu schreiben und gründete seine erste Band. Als Vorbilder kamen „Radiohead, Blur, Oasis, Bob Dylan, Doors, Kinks, Beatles. Später auch Tocotronic, Die Sterne, ..." (ebd.) dazu.

Nach seiner Matura 2001 begann er ein Philosophiestudium, das er aber bald abbrach, woraufhin er Gelegenheitsjobs nachging und als Singer/Songwriter auftrat.

2006 gründete er gemeinsam mit Patrick Sischka einen Probenraum bzw. ein Aufnahmestudio im Alberner Hafen, in dem viele der Alben von „Problembärrecords" aufgenommen werden sollten.

Stefan Redelsteiner machte ihn 2007 mit Nino Mandl bekannt, der gerade am Aufbau einer Band war.

Neben seiner Karriere als Musiker ist er seit 2008 „freier Mitarbeiter und Stimme bei Radio Ö1" (ebd.), wo er in verschiedensten Sendungen und Beiträgen spricht, oder sie moderiert, wie zum Beispiel „Guten Morgen Österreich", „Ö1 Klassiknacht" oder „Matinee". (vgl. ebd.)

4.2.3 Paul Schreier

Paul „pauT" Schreier wurde am 21. Juli 1983 als erstes von insgesamt vier Geschwistern in Wien geboren. Seine Mutter Constanze Schreier ist von Beruf Krankenschwester, sein Vater Andreas Schreier ist Krankenpfleger. Seine Kindheit und Jugend verbrachte er in Baden bei Wien, im Alter von sechs Jahren begann er Blockflöte zu erlernen, die er mit elf Jahren gegen

Abbildung 2: pauT

eine Klarinette austauschte. Sein Vater ist „ambitionierter Schlagzeuger, [...] so hatte pauT lange Zeit ein Drumset in seinem Zimmer zum Trommeln" (Schreier, Paul (2014): „Re: email interview" und Anlage „Paul Schreier". (20.09.2014)). Schon in früher Kindheit war pauT „fasziniert von Entertainern, die die Blicke tausender auf sich ziehen konnten". (ebd.) Als Vierjähriger beantwortete er die Frage, was er denn werden wolle, mit: „„Wenn ich einmal groß bin, dann werd ich der Kasperl'". (ebd.) Durch das Fernsehen wurde er mit den beindruckenden Bildern der „Beatle-Mania" vertraut und beschloss mit zwölf Jahren, autodidaktisch Gitarre zu erlernen. Zu seinem 13. Geburtstag erhielt er seine erste E-Gitarre und ein Jahr später entdeckte er das Bassspielen für sich, das er sich ebenfalls im Selbststudium beibrachte.

Kurze Zeit später (1998) legte pauT mit 15 die Aufnahmeprüfung am Konservatorium der Stadt Wiener Neustadt für die Vorbereitungsklasse Konzertfach Klarinette erfolgreich ab. „1999 gründete er seine erste Band „Nasty Crew", die sich später in „WESTPOL" umbenennen sollte und im Raum Baden sehr populär wurde." (ebd.)

Nach der Matura konzentrierte sich pauT auf die Musik und startete 2001 das reguläre Konzertfach-Studium für Klarinette und ein Jahr später zusätzlich das Jazz-Studium für Bass, ebenfalls in Wiener Neustadt. Ergänzend belegte er noch IGP-Studien (Studien für Instrumental- und Gesangspädagogik) für Klarinette und Bass.

2006 schloss pauT die Studien Klarinette-IGP und Bass-Jazz-IGP ab, ein Jahr später folgten die Abschlüsse der Studien Klarinette-Konzertfach und Jazz-Bass. Seit 2009 studiert pauT an der Universität für Musik und darstellende Kunst Wien (MDW) Popularmusik Bass Masterstudium. (vgl. ebd.)

4.2.4 David Wukitsevits

David Wukitsevits wurde am 20.02.1989 - ein Jahr vor seiner Schwester - in Baden bei Wien geboren. Seine Kindheit und Jugend verbrachte er in Hennersdorf bei Wien und Wien, vor allem im 23. Bezirk, wo er im Alter von 14 Jahren auf Grund des stets vorhandenen Musikinteresses begann, Schlagzeugunterricht zu nehmen.

Mit 18 beendete er seine schulische Laufbahn und begann nach dem Absolvieren des

Abbildung 3: David Wukitsevits

Zivildienstes, Germanistik zu studieren, was er kurze Zeit später wieder verwarf und durch ein Studium in Theater-, Film- und Medienwissenschaften ersetzte. Zu dieser Zeit begann er auch mit Bands in Wien aufzutreten, wobei die Post-Rock Band „Slon" besonders hervorzuheben ist, da er mit dieser das erste Mal auf Tournee ging und dort auch auf Stefan Redelsteiner traf.

6

(vgl. Wukitsevits, David (2014): „RE: der nino aus wien anlage " und Anlage „David Wukitsevits". (20.09.2014)).

Abbildung 4: Nino Mandl

4.2.5 Nino Mandl

Nino Mandl wurde am 22. Mai 1987 in Nussdorf im 19. Wiener Gemeindebezirk (Döbling) geboren und wuchs an einem See in Hirschstetten im 22. Wiener Gemeindebezirk (Donaustadt) auf. Sein Vater besitzt eine Siebdruckerei im Keller des eigenen Hauses, seine Mutter ging verschiedenen Berufen (zum Beispiel Eisdielenbesitzerin) nach und hilft in der Siebdruckerei des Vaters. Er hat einen um zweieinhalb Jahre älteren Bruder, mit dem er sich die Leidenschaft des Schreibens teilt. In ihrer Kindheit verfassten sie Unmengen an Texten, wobei Nino Mandl schon damals grßes Interesse an Phantasiewelten zeigte.

Mit etwa zehn Jahren entdeckte er den Fußball für sich und spielte in den folgenden sieben bis acht Jahren auf allen Positionen: „Ich war am Anfang einfach im Mittelfeld verloren, dann war ich plötzlich ein guter Stürmer, [...] und wurde dann ein Tormann und am Ende ein Abwehrspieler" (Mandl, Nino (2014): „Nino Mandl" [Audiofile] TC 4:00) Die Verbundenheit mit der populären Ballsportart bleibt bis in die Gegenwart erhalten und spiegelt sich auch in seinen Werken wider (Siehe 5.1.2.5: Zum Titel:) oder in einzelnen Versen von Liedern wie „Um Noch Was Zu Beweisen", „Am Heißesten Tag Des Sommers" und „Bäume" („Der Nino aus Wien": „Bäume", Problembärrecords, 2014)

Ein weiteres Motiv, das sich durch seine ganzen Texte zieht, ist James Joyces Roman „Finnegans Wake". Mandl meinte dazu in einem Interview: „Ich weiß zwar nicht, wie es [Finnegans Wake] sich auf meine Musik auswirkt, aber es hat etwas mit mir gemacht." (http://www.falter.at/falter/2011/11/01/drogen-die-machen-doch-nur-aerger/ Zugegriffen am 13.09. 2014 um 19:34). Im Album „Schwunder" ist der Einfluss besonders zu spüren, so heißt etwa ein Lied „Finnegans Wake" und ein anderes „Plurabelle" (siehe: 5.2.4.3 Analyse/Interpretation des Textes)

Sein Interesse für Musik war immer schon vorhanden und äußerte sich zunächst im aufmerksamen Radiohören. Als Achtjähriger hörte er dann zum ersten Mal den Titel „In My Life" der britischen Popband „The Beatles" und war so berührt, dass er aus Freude weinte.

Als 15-Jähriger schaffte er sich ein E-Gitarren Starter-Set an und begann zu Hause zu spielen. Ähnlich wie Stefan Redelsteiner zeigte aber auch er keine sonderliche Begabung im herkömmlichen Verständnis. Er begann mit Hilfe des Programms „Magix Music Maker" Songs aufzunehmen, die aus mit verstimmter Gitarre und Bottleneck erzeugten Geräuschen und Stimme bestanden. Für ihn war und ist es nicht essentiell, „gut" spielen zu können, der Sound und die Stimmung stehen im Vordergrund. Mit der Zeit erlernt er immer mehr Akkorde und beginnt sehr intensives Songwriting. Zwei Jahre nach dem aktiven Einstieg in die Musik ist er am Gipfel seiner Schaffensperiode - er hat zu diesem Zeitpunkt über 100 Lieder geschrieben, die erst Jahre später veröffentlicht werden. Bis dato sind ca. 70 Lieder von Mandl veröffentlicht.

Seine musikalischen Einflüsse sind die Ramones, Bob Dylan, die Beales und besonders Syd Barret. Er spielt oft in seinen Texten auf diese an, wie zum Beispiel im Lied „Down in Albern" des gleichnamigen Albums, in dem er singt: „Der Oktopus bin noch nicht ich". Von den Beatles gibt es ein Lied mit dem Titel „Octopus's Garden" und von Syd Barret ein Lied mit dem Titel „Octopus".

Ebenfalls mit 15 stand er das erste Mal auf einer Bühne, und zwar im Rahmen eines Poetry Slams. Er war früh auf diesen neuen Zug aufgesprungen und lernte bei einem Slam im Wiener Lokal „rhiz" am 29.März 2006 Wolfgang Kühn, den Herausgeber des Magazins „DUM – Das Ultimative Magazin", kennen. Dieser hat den Auftritt wie folgt in Erinnerung: „Nino [Mandl] betrat die Bühne mit einem Blatt Papier in der Hand und begann über „Fünnügüns Waldwelt" zu lesen [...]. Und das so unaufgeregt und so unspektakulär, als würde er allein in seinem Zimmer den Text bloß laut lesen." (Kühn, Wolfgang(2014): „NINO". (02.11.2014)). Trotz nicht vorhandener Performance und schlechtem akustischem Verständnis war Kühn vom Text Mandls fasziniert, und als sie sich durch Zufall an der Bar begegneten, bat Kühn Mandl, ihm den Text zukommen zu lassen. Mandl holte kurzerhand sein Manuskript aus der Tasche, notierte darauf seine Email Adresse und gab es Kühn.

In der nächsten Zeit entwickelte sich eine Freundschaft und sie tauschten CDs aus. Kühn gab Mandl Alben von seinem Musikprojekt „Zur Wachauerin" und erhielt dafür zwei selbstgebrannte Datenträger vollgefüllt mit Liedern, die Mandl zu Hause aufgenommen hatte. Auf diesen CDs finden sich bereits Kompositionen wie „Zimmer Zu Vermieten" oder „Ein Trauriges Lied ÜbeEine Alte Katze", die erst auf den Alben „Down in Albern" und „Schwunder" veröffentlicht wurden. (vgl. Kühn, Wolfgang (2014): „NINO SONGS". (15.11.2014)).

Acht Monate nach der Begegnung im „rhiz" erschien der selbe Text in oben genanntem Magazin (Jahrgang 10, No.: 40/2006 „Alles & Anders"). Bei der Präsentation des Magazins im Cafe Anno in Wien am 26.11.2006 hatte Mandl seinen ersten öffentlichen Soloauftritt als Musiker. Er spielte unter anderem die bis dato unveröffentlichten Stücke „Alarm, Alarm, es kommt ein Orkan" und „Koch Hans, koch mir eine Gans Hans".

Bei diesem ersten Konzert von Nino Mandl war auch Manfred Scheer im Publikum, der Mandl nach dem Auftritt in einem Email anbot, ein Album mit ihm aufzunehmen. (vgl. Mandl, Nino: „Nino Mandl" [Audiofile] und Kühn, Wolfgang(2014): „NINO". (02.11.2014))

4.3 Die Gründung der Band

Stefan Redelsteiner hatte Ende 2007 zwar ein Label aber noch keine Künstler. So warb er auf dem damals noch jungen TV Sender Puls4 und dem Radiosender fm4 in Beiträgen, die mitten in der Nacht ausgestrahlt wurden, für sein Label. Beide Male wurde er über die Social Media Plattform MySpace von einem User angeschrieben, der ihm mit seinem Label viel Glück wünschte, aber mit keinem Wort erwähnte, dass er selbst Musik schrieb. Kurz darauf kontaktierte David Hebenstreit (siehe 6.2) Redelsteiner und fragte, ob er schon von einem Singer/Songwriter namens „Der Nino aus Wien" gehört habe, der auf MySpace Demos veröffentliche. Redelsteiner erkannte den nachtaktiven Fan wieder und war von dem Potential der Lieder überzeugt. Sein Label-Kollege teilte aber seine Begeisterung nicht und ließ Redelsteiner zwischen Mandl und sich entscheiden. Er entschied sich für Mandl, und so wurde aus dem Label ein Ein-Mann-Unternehmen.

Die Aufnahmen zum oben erwähnten ersten Album - Mandl war von Anfang an klar, dass es „The Ocelot Show" heißen würde - hatten zu dieser Zeit schon begonnen, zogen sich aber sehr lange. Begonnen wurde noch 2006, also zu einer Zeit, in der es „Problembärrecords" noch gar nicht gab. Veröffentlicht wurde es erst am 21. Dezember 2012. Ca. 52 Minuten lang ist Nino Mandl, der sich auf diesem Album noch als Einzelperson „Der Nino aus Wien" nennt, mit den Gastmusikern Alex Miksch, Herb Pirker und Manfred Scheer auf elf Liedern zu hören.

Mitten im Aufnahmeprozess zu diesem Erstlingswerk begannen Stefan Redelsteiner und Nino Mandl mit der Planung von Auftritten und den ersten drei Alben „The Ocelot Show", „Down in Albern" und „Schwunder" , die „dann wirklich genauso eigentlich fast umgesetzt wurde[n]" (Redelsteiner, Stefan: „Re: Aw: Vorwissenschaftliche Arbeit über "Der Nino aus Wien" " und Anlage „Stefan Redelsteiner". (25.09.2014)). Im März 2008 fand der erste vom Label organisierte Soloauftritt in einem Jugendzentrum in Purkersdorf vor einer einstelligen Anzahl an Zuschauern statt. Nach diesem Konzert war Redelsteiner überzeugt, dass es eine Band hinter Nino Mandl geben müsse, um das Projekt für eine breite Masse interessant zu machen und „weniger Anarchie rein[zu]bringen" (ebd.). Redelsteiner begann, ehemalige Musikerkollegen und –Kolleginnen aus Bands, in denen er selbst früher mitspielte, mit Mandl bekannt zu machen. Der einzige, der auch heute immer noch mitspielt, ist der Schlagzeuger David Wukitsevits. Er hegte schon länger den Wunsch, in einer gemütlicheren Band als „Slon" mitzuwirken, weil er dort „das Gefühl [hatte]so brutal wie möglich ins Schlagzeug reindreschen zu müssen" (Wukitsevits, David (2014): „RE: der nino aus wien anlage " und Anlage „David Wukitsevits". (20.09.2014)). Die ersten Proben mit unterschiedlicher Besetzung waren nicht sehr befriedigend:

„Kurz darauf entstand eine fixe Band - mit Nathalie Neumeyer am Keyboard, Marc Damm am Bass, der Stefan [Redelsteiner] spielte Gitarre, später auch der Daniel Ledinger und ich Schlagzeug - und wir probten auch regelmäßig, einmal in der Woche, in einem Raum im fünfzehnten Bezirk, hingen miteinander ab, spielten Tischfußball, gingen miteinander fort...das war eine gute Zeit." (ebd.)

In dieser Formation hatte „Der Nino aus Wien" zwei Konzerte, eines im „Shelter" und eines im „Cafe Carina". Ersteres haben die Musiker als totale Katastrophe in Erinnerung:

> „Angeblich verstand man die Texte kaum, der Bass hatte alles übertönt. In unserem Set war unter anderem eine nicht enden wollende Jam-Version von "Zimmer zu vermieten", danach durften wir nicht mehr weiterspielen. Der Tontechniker soll nach dem Konzert gesagt haben, wir wären die dilettantischste Band die er je gemischt habe [und] ich musste mir von unbekannten Leuten lange, ermüdende Vorträge über unsere Fehler anhören". (ebd.)

Danach verließen nach und nach die obengenannten die Band, und andere kamen für kurze Zeit hinzu. „Ich glaube eine Zeit lang waren Nino [Mandl], Stefan [Redelsteiner] und ich [David Wukitsevits]die einzige tatsächliche Fixbesetzung, während andere Leute kamen und gingen" (ebd.). Einer dieser Leute war Raphael Sas, der zuerst ausschließlich am Klavier und später auch an der Gitarre zum fixen Bestandteil der Band wurde.

Den zukünftigen Bassisten pauT lernte Mandl beim Protest-Songcontest 2009 kennen. Mandl nahm Solo mit seinem „Spinat Song" vom Album „The Ocelot Show" teil und schaffte es damit ins Finale. Im Halbfinale am 30. Jänner traf er pauT, der es mit seiner Band „WESTPOL" und dem Lied „Kill Mozart" bis in die Runde der besten 25 schaffte. Erneut spielt MySpace eine bedeutende Rolle, denn nach der Begegnung schrieb pauT an Mandl: „,weißT eh, wennsT mal einen bassisTen brauchsT, dann meld dich'" (Schreier, Paul (2014): „Re: email interview" und Anlage „Paul Schreier". (20.09.2014))Mandl antwortete wörtlich: „;Naja.. wir nehmen eh grad ein Album auf und planen eine Tour und brauchen einen Bassisten'" (ebd.) woraufhin pauT mitten in die Aufnahmen zu „Down in Albern" gelangte.

Am 22. April 2009 kam es zum ersten Konzert der jetzigen Besetzung von „Der Nino aus Wien" im „Shelter" in Wien. (ebd.)

5 „Down in Albern" und „Schwunder" im Vergleich

5.1 „Down in Albern"

Das Erste Album auf dem die vier Musiker von „Der Nino aus Wien" gemeinsam zu hören sind erschien am 20. Juni 2009 beim Label „Problembärrecords" und dauert insgesamt 59:22 Minuten. Nach Schätzungen von Stefan Redelsteiner wurden etwa 4000 Alben verkauft.

Abbildung 5: Albumcover von „Down in Albern"

5.1.1 Tracklist

1. Zimmer Zu Vermieten	03:07
2. Weit Weit Weit	04:17
3. Ich Weiß Nicht, Sag Du	04:25

4. Holidays	02:17
5. Mein Erstes Gedicht	05:41
6. Wir Ziehen In Den Krieg	02:13
7. Down in Albern	05:19
8. Ich Bin Es	03:32
9. Walzerlied	03:23
10. Die Lieder	03:13
11. Du Oasch	05:13
12. Tequila Starwave/Cloud Destruction 16/ Subway To Kagran	16:37

(vgl. „Der Nino aus Wien": „Down in Albern" Booklet,(Problembärrecords, 2009))

5.1.2 Mitwirkende

Musiker und Musikerinnen	Instrumente
Nino Mandl	Gesang, Gitarre
David Wukitsevits	Schlagzeug, Perkussion
Raphael Sas	Gesang, Gitarre, Ukulele, Orgel, Klavier, Moped
pauTi van pauTipauT	Bass, Klarinette
Sir Tralala	Geige
Stefan Redelsteiner	Gitarre
Marc Damm	Glockenspiel
Sebastian Fox	Saxophon
Johannes Bankl	Trompete
Elisabeth Zavilia	Posaune
Soleyman Badat	Gitarre
Manuel Prenner	Bass bei „Walzerlied"

Patrick Sischka und Nino Mandl	Produzenten
Sir Tralala	Produzent von „Tequila Starwave"
Nino Mandl	Komponist
Raphael Sas und Nino Mandl	Komponisten von „Wir Ziehen In Den Krieg"
Patrick Sischka	Mixing
Chris Janka	Mastering
Florian Stecher	Coverfoto
Mote Sherr	Artwork

(vgl. „Der Nino aus Wien": „Down in Albern" Booklet,(Problembärrecords, 2009))

5.1.3 Zum Titel

Auf erster Ebene erfährt man durch den Titel ganz einfach den Ort der Aufnahme: Im Alberner Hafen in Wien. Etwas tiefer liegt eine weitere Bedeutung, und zwar die des Wortes „albern", also unsinnig oder kindisch. Das davor gestellte „Down in" gibt dem Ganzen den Charakter eines Reiseberichts. Also könnte man den Titel auch als eine Erzählung aus den phantasievollen aber auch manchmal sinnbefreiten Gedanken Mandls sehen. „Dass es von der britischen Band Babyshambles ein Werk mit einem sehr ähnlichen Titel gibt [„Down in Albion"], nimmt er ihnen nicht weiter übel, Zufälle passieren."
(http://indeterminismus.wordpress.com/tag/mandl/. Zugegriffen am 13.09.2014 um 21:09)

5.1.4 „Mein Erstes Gedicht" als Beispiel

5.1.4.1 Leadsheet

Abbildung 6: Leadsheet von „Mein Erstes Gedicht"

3. Strophe A:
Bis da ist er in sich gefangen
Es sieht erschütternd aus
Der kleine Junge fürchtet sich
Und geht nicht aus dem Haus

4. Strophe A:
Die Musik spielt und spielt
Er spielt für sich allein
Das erste Lied das blieb
Ist heute nicht mehr seins

Refrain A:
Vielleicht war er doch nicht bereit
Der Teufel stieg aus und alles schien weit
Und er schweigt

4. Strophe B:
Zerstört alle meine Ideen
Zerstört Alles was ich seh'
Zerstört was ich niemals versteh'
und das wofür ich leb'

5. Strophe B:
Zerstört meine Träume sofort
und auch meinen einzigen Ort
An dem ich die Träume seh'
Zerstört auch gleich den See

6. Strophe B:
Zerstört mein erstes Wort
Mein erstes Wort war Blut
Mein zweites Wort war Mord
Zerstört diese innere Ruh'

Refrain B:
Aus meinem ersten Gedicht
Das zählt heut' mehr als überhaupt

5.1.4.2 Analyse/Interpretation der Musik

„Mein Erstes Gedicht" ist eine Ballade im $\frac{6}{8}$ Takt, deren Tempo im langsamen Bereich bleibt
und von einer starken Verzerrung von Gesang und Instrumenten geprägt ist. Es beginnt mit
zwei neuntaktigen Strophen vom Typ A, in welchen der Text oft in einer Art ternärem
Rhythmus gesungen wird: Auf eine Viertelnote zu einem betonten Zählpunkt (1 oder 2+) folgt
eine Achtelnote. Manchmal wird aber auch mit diesem Schema gebrochen, zum Beispiel in
Takt 5.
Es folgen der Refrain A mit drei Takten und danach zwei Strophen vom Typ B, die im Gegensatz
zu den Strophen A sowohl einen andren Rhythmus des Textes als auch nur acht Takte haben
und von denen außerdem drei anstatt nur zwei gespielt werden. Der folgende Refrain B
wiederum hat einen Takt mehr als Refrain A und danach werden alle 49 Takte mit anderem
Text wiederholt.

Das Lied steht in D-Dur und verwendet in den ersten vier Takten beider Strophentypen die
Tonika abwechselnd mit dem parallelen Moll-Dreiklang (Hm). Danach wechseln sich Hm und G
(also die Subdominante) ab, wobei der Unterschied in der Taktanzahl der beiden Typen in
einem zusätzlichen Takt mit G als Akkord und ohne Text liegt.
Sowohl Refrain A als auch B bedienen sich abgesehen von Hm noch einer rasch wechselnden,
absteigenden Folge von sogenannten „Powerchords"-Akkorden aus Grundton, Quinte und
Oktave- mit den Grundtönen A, G und F#. Der eine Takt, den Typ B mehr als Typ A hat, wird am
Anfang eingeschoben und ist erneut ein textloser Takt mit G als einzigem Akkord.

5.1.4.3 Analyse/Interpretation des Textes

Formal gesehen, kann, wie bei der Analyse der Musik, zwischen jeweils zwei unterschiedlichen
Strophen und Refrains unterschieden werden (Typ A und Typ B), womit sich vier verschiedene
Teile ergeben. Eine Strophe A besteht aus vier dreihebigen Versen, die sporadisch
kreuzgereimt sind. Der darauf folgende Refrain A hat drei sich reimende Verse. In den
Strophen B, die den Strophen A ähneln, spielt die Anapher eine große Rolle. Ein Refrain B
besteht nur aus zwei Versen, zu einmal drei und einmal vier Hebungen.

Der Text beschreibt die Gefühle und Gedanken eines „kleinen Jungen", der an einem
„Sommertag im Keller" sitzt. Er tut dies aber nicht in der Gegenwart, sondern in der Erinnerung
des Lyrischen Ichs (Mandl?) an die eigene Kindheit. In dieser Erinnerung schreibt er in einem
Keller an einem Lied mit poetischem Text („Den Rhythmus und den Reim" 2.Strophe A/Vers 4).

Aber das Lied will nicht recht gelingen und er hört auf („Und er schweigt" 1. Refrain A/Vers 3). In einer Art Wutanfall befiehlt er, nacheinander die Phantasie, die Unglaublichkeit und den Größenwahn zu „verteufeln". Im Refrain B distanziert sich das Lyrische Ich von dem Gesungenem, aus dem ein Zitat wird: „Aus meinem ersten Gedicht/Das damals ich schrieb" (1. Refrain B/Verse 1 und 2).

Die Situation des Jungen im Keller wird immer ungemütlicher, er „fürchtet sich/Und geht nicht aus dem Haus" (3. Strophe A/Verse 3 und 4). Immerzu spielt er sein Lied, das aber in der Gegenwart, der Zeit des Lyrischen Ichs, „nicht mehr seins [ist]" (4. Strophe A/Vers 4), was auf zwei verschiedene Arten interpretierbar ist: Einerseits kann es bedeuten, das Lied gehört ihm nicht mehr (er hat es vielleicht aufgenommen und verkauft, was zur Biographie Mandls passen würde). Eine andere Möglichkeit ist, dass es der Gegenwärtigen Person nicht mehr gefällt. Diese Doppeldeutigkeit ist wohl ganz im Sinne des Wortspielers Mandl, der sie oft einsetzt, wie schon die Titel der Alben zeigen. Eine zweite Stilfigur, die Mandl in diesem Lied einsetzt, ist die Metapher des Teufels, der wohl für den Wahnsinn steht.

Im 2. Refrain A „schweigt" der Junge erneut. Dieses Mal weil er seine Beschimpfungen oder den Wahnsinn beendete und wegen der schier unendlichen Möglichkeiten des Schreibens überwältigt ist („Der Teufel stieg aus und Alles schien weit" 2. Refrain A/Vers 2). Die Anapher der Strophe B ändert sich von „verteufelt" zu „zerstört", ein noch stärkerer Befehl, der nun nicht mehr allgemeine Dinge sondern Persönliches wie „alle meine Ideen" oder „das wofür ich leb'" (4. Strophe B/Verse 1 und 4) betrifft. Im 2. Refrain B folgt wie zuvor die Verwandlung in ein Zitat, das aber für das Lyrische Ich von großer Bedeutung ist: „Das zählt heut' mehr als überhaupt" (2. Refrain B/Vers 2)

5.2 „Schwunder"

Das insgesamt dritte Album des Sängers Nino Mandl und das zweite gemeinsame der vier Musiker erschien am 11. November 2011 ebenfalls bei „Problembärrecords". Es hat eine Länge von 50:32 Minuten und wurde laut Schätzungen von Stefan Redelsteiner 5000 Mal verkauft, was es zum bisher kommerziell erfolgreichsten Album der Band machte.

Abbildung 7: Albumcover von „Schwunder"

5.2.1 Tracklist

1.	Connected	05:32
2.	Cafe Elektric	05:30
3.	Hotel	05:11
4.	Ein Trauriges Lied Über Eine Alte Katze	02:35
5.	Schwunder	01:40
6.	Plurabelle	04:23

7.	Feuer	06:40
8.	Finnegans Wake	06:33
9.	Connected	06:02
10.	Venedig Geht Unter	06:25

(vgl. „Der Nino aus Wien": „Schwunder" Booklet,(Problembärrecords, 2011))

5.2.2 Mitwirkende

Musiker	Instrumente
Nino Mandl	Gesang, akustische Gitarre, E-Gitarre, Mundharmonika, Katzengeräusche
pauT	Bass, Klarinette, Gesang, Orgel, E-Gitarre, 12saitige akustische Gitarre
Raphael Sas	Orgel, Piano, Gesang, E-Gitarre, akustische Gitarre
David Wukitsevits	Schlagzeug, Percussion, Gesang
Fred Schreiber	Gesang
Walther Soyka	Akkordeon (nur bei „Hotel"):
Patrick Sischka	Diverse Geräusche (nur bei „Schwunder"), Gesang (nur bei „Connected")

Patrick Sischka	Produzent und Mixing
Walther Soyka	Produzent und Mixing von „Hotel"
Nino Mandl	Komponist (außer „Schwunder": geschrieben von allen)
Chris Janka	Mastering
Natalie Ofenböck	Cover, Booklet, Fotos

(vgl. „Der Nino aus Wien": „Schwunder" Booklet,(Problembärrecords, 2011))

5.2.3 Zum Titel

Erneut lässt der Titel viel Raum zur Interpretation. So ist im Booklet oder in Interviews (zum Beispiel das Falter Interview von 2011 http://www.falter.at/falter/2011/11/01/drogen-die-machen-doch-nur-aerger/. Zugegriffen 13.09 2014 um 19:34) von einem Fußballspieler der niederösterreichischen Landesliga namens Klaus Schwunder zu lesen, den Mandl mit seinem Bruder auf der Playstation erstellt hat. Der Neologismus klingt jedenfalls wie das Produkt mehrerer Wörter. „Schwindeln", „Wunder" oder „Schwund" könnten solche Wurzeln sein. Letzteres wirkt umso passender, da im gleichnamigen Lied des Albums einige alkoholische Getränke aufgezählt werden, nach deren übermäßigen Genuss der eine oder andere Gedächtnisschwund eintreten kann.

5.2.4 „Plurabelle" als Beispiel

5.2.4.1 Leadsheet

Plurabelle

Der Nino aus Wien

17

Abbildung 8: Leadsheet von „Plurabelle"

3. Strophe:

Du sagtest: schreib's doch auf!

Wozu taugst du denn sonst?

Was ist nur im Kopf, und was ist auf und davon?

4. Strophe:

Plurabelle hat mich ertappt

Und das Irrenhaus hat seinen Captain bestellt

Ich plantsch mit Gelenken auf sie zu und sie wird nympher schau'n

Ref.

5.2.4.2 Analyse/Interpretation der Musik

„Plurabelle" ist ein ruhiger, eher langsamer (ca. 65 BPM) Popsong im $\frac{4}{4}$ Takt. Nach einem halben Takt (2 Schläge) Schlagzeug-Intro beginnen die ersten beiden von vier achttaktigen Strophen, die kleine Unterschiede in der Silbenaufteilung aufweisen. Der darauffolgende Refrain ist dreigeteilt in einen achttaktigen ersten Teil (Refrain A), seine Wiederholung mit kleinen Unterschieden in der Melodie (Refrain B) und einen abschließenden sechstaktigen Teil, in dem der Titel des Stücks über acht Schläge hinweg gesungen wird und der minimalste aller Turnarounds, der Wechsel in die fünfte Stufe, ein Da Capo einläutet (Refrain C). Die dritte und vierte Strophe haben erneut einige Unterschiede in der Silbenaufteilung und der dritte Teil des Refrains besteht bei dieser Wiederholung nur aus drei Takten, da das Lied hier auf der ersten Stufe endet.

„Plurabelle" steht in E-Dur und in den vier Strophen werden verschiedenen Variationen der häufigen vi – IV – I – V Dreiklangkadenz aneinandergereiht. Im Refrain offenbart sich eine harmonische Besonderheit: auf einen E-Dur Dreiklang folgt Emaj7 und im nächsten Takt wird die Septime um einen weiteren Halbton verringert, also E7.

5.2.4.3 Analyse/Interpretation des Textes

Bei „Plurabelle" ist eine Einteilung in Verse schwierig, da speziell im Refrain keine klare Trennung ersichtlich ist. Der Titel ist der Figur Anna Livia Plurabelle aus dem James Joyce Roman „Finnegans Wake" entlehnt und kann als Name des „Du" gesehen werden. Bei einer Referenz zu diesem Roman verwundert es nicht, dass sich der Text einem eindeutigen Verständnis entzieht und viel Raum für Mutmaßungen bietet.

Die erste und die dritte Strophe konzentrieren sich inhaltlich auf das „Du", während in der zweiten und vierten das Augenmerk auf dem „Ich" liegt. Vom „Du" wird der Eindruck vermittelt, es sei ruhig, bedacht und eher rational. Es „Weiß den Weg" (1. Strophe/Vers 1) und „Bleibt gelassen" (Vers 3). Das „Ich" bildet in gewisser Weise einen Gegenpol, es ist „Alles andere als entspannt" (2. Strophe/Vers 2) und so etwas wie „Der Captain des Irrenhauses" (4. Strophe/Vers 2).

Der Refrain befasst sich mit beiden Figuren und trifft zwei Aussagen: Erstens „Sich was einfallen lassen", also Phantasie, Kreativität oder Lügen, ist das einzige, in dem beide „gut sind". Zweitens wird diese Fähigkeit gesteigert, „wenn keiner von uns mehr weiß was passiert", wenn also eine Art Rauschzustand herrscht.

5.3 Die Entwicklung von „Der Nino aus Wien" zwischen den Alben

Die wohl offensichtlichste Veränderung sieht man in der Besetzung. Während bei „Down in Albern" noch viele einzelne Individuen beteiligt waren, gibt es bei „Schwunder" bereits eine feste Band, die hin und wieder Gastmusiker und–Musikerinnen einlädt. Dadurch veränderte sich auch der generelle Sound der Musik von ungeschliffen, rau und etwas kantig nach ausgefeilt und weicher. „Mein erstes Gedicht" und „Plurabelle" sind wahrscheinlich die unterschiedlichsten Sound-Beispiele der beiden Alben. Zwar nahm die Anzahl der Musizierenden ab, die Dauer der einzelnen Lieder stieg jedoch von drei bis vier Minuten auf fünf bis sechs Minuten an, wodurch sich deutlich mehr Text in den Stücken unterbringen lässt. „Urwerk" fordert mit seinen vielen verschiedenen Strophen bei Live-Auftritten regelmäßig Mandls Gedächtnis heraus. Thematisch wandte sich „Der Nino aus Wien" grob gesagt von innen nach außen, anstatt von Gedanken singt Mandl im Album „Schwunder" eher von Erlebnissen.

6 Die Verbindungen der Mitglieder in der Szene

6.1 Krixi, Kraxi und die Kroxn

Dies ist der Name eines Musikprojekts aus den Jahren 2011 und 2012, das 2012 das Album „Die Gegenwart hängt uns schon lange zum Hals heraus" ebenfalls bei „Problembärrecords" herausbrachte. Das Songwriting der neun Lieder des Albums machten Nino Mandl und Natalie Ofenböck, die zuvor schon für das Artwork von „Schwunder" verantwortlich war. Neben der gewohnten „Der Nino aus Wien" Besetzung und Ofenböck sind auf dem Album noch der Blonde Engel, Christian Franke, Daniel Nasr, Ernst Molden, Dirk Stermann, Louise Witt Dörring, Hubert Weinheimer, Stephan Stanzel, Tamara Mascara, Walther Soyka und Yoshie Maruoka zu hören. (vgl. http://www.problembaerrecords.net/artists/problembaer-bands/a/krixi-kraxi-und-die-kroxn/ . Zugegriffen am 29.01.2015 um 20:45)

6.2 David Hebenstreit

Er wurde am 18.10.1978 in Wien geboren und wuchs in Klagenfurt auf. Von 1986 – 1997 erhielt er Ausbildung an der Violine mit den Nebenfächern Gehörbildung, Harmonielehre und Orchesterspiel am Landeskonservatorium Klagenfurt. Seit 2005 ist er als Musik und Kunstschaffender selbständig erwerbstätig. Oft verwendet er auch sein Pseudonym „Sir Tralala" wie zum Beispiel auf der Social Media Plattform MySpace.

Da er von Stefan Redelsteiners Suche nach Bands und Künstlern wusste und gleichzeitig Nino Mandl von MySpace kannte, brachte er die beiden zusammen. Immer wieder ist er in Studioversionen der Lieder von „Der Nino aus Wien" mit seiner Violine zu hören, wie etwa in „Down in Albern" und „Walzerlied" des Albums „Down in Albern" oder in den meisten der Lieder des Albums „Bäume"

Zu den Aufnahmen des Albums „Down in Albern" wurde er gebeten, da der Tontechniker Patrick Sischka mit der Lage überfordert schien. Wie bereits erwähnt, waren beim Aufnahmeprozess dieses Albums sehr viele kreative Köpfe am Werk, die sich teilweise gegenseitig behinderten, oder um es mit den Worten Hebenstreits auszudrücken : „wenn da zuviele Dickschädeln am Werk sind, dann wird das nix" (Hebenstreit, David (2014): „Re: Nino aus Wien". (25.09.2014)) Hebenstreit drehte einfach wild an den Reglern herum um Sischka zu zeigen, „dass man sich da nicht zuviel anscheissen sollte" (ebd.), was dieser daraufhin auch nicht mehr tat.

6.3 Skero

Skero ist ein österreichischer Rapper und Musiker, der einem breiten Publikum durch seinen Hit „Kabinenparty" im Jahr 2009 bekannt wurde. Er ist außerdem langjähriges Mitglied der Linzer Hip-Hop Gruppe „Texta" und hat ein abgeschlossenes Malereistudium. Zur Zeit ist er mit der Band „Müßig Gang" auf Tour, um das Album „Aller Laster Anfang" zu bewerben. (vgl. http://www.skero.at/filter/music/ABOUT. Zugegriffen am 01.02.2015 um 10:33)

Bei „Der Nino aus Wien" hat er Gastauftritte als Rapper in den Liedern „Abtauen Girl" („Träume", 2014) und bei Liveversionen von „Du Oasch" („Down in Albern", 2009) beziehungsweise der Fortsetzung „Imma no Oasch", zum Beispiel am Popfest in Wien am 8. Mai 2010 (https://www.youtube.com/watch?v=6cWG7oERPEM . Zugegriffen am 01.02.2015 um 10:45)

6.4 Worried Man & Worried Boy

Dieses Musikprojekt setzt sich aus Herbert und Sebastian Janata zusammen, zwei Größen des deutschsprachigen Pop. Herbert Janata war bis zur Auflösung der Gruppe im Sommer 2014 Teil der legendären „Worried Men Skiffle Group" und sein Sohn Sebastian ist seit 2006 Mitglied der Band „Ja, Panik", die ihre Wurzeln im Burgenland hat und mittlerweile in Berlin wirkt.

Im Frühling des Jahres 2014 traten die beiden erstmals unter diesem Namen öffentlich auf und im September veröffentlichten sie auf YouTube ihre Interpretation des Liedes „Der Schönste Mann von Wien" mit Nino Mandl als Sänger. Am 27. Februar erschien ihr selbstbetiteltes Album bei Problembärrecords. (vgl. http://www.problembaerrecords.net/artists/problembaer-bands/a/worried-man-worried-boy/ . Zugegriffen am 01.02.2015 um 10:54)

6.5 pauT

Wie der Name verrät, ist „pauT" die zweite Band von Paul Schreier, bei der er ebenfalls Bass spielt aber auch die Rolle des Frontman und Sängers übernimmt. Die anderen Mitglieder sind Christian Schmid am Schlagzeug, Wolfgang Knut Posch an der Gitarre, Peter Hübl an der Klarinette und am Saxophon und Philipp Eder am Piano. 2010 gewannen sie mit dem Lied „sepp haT gesaT wir müssen alles anzünden" den Protest-Songcontest. „pauT" treten oft als Support von „Der Nino aus Wien" auf, wie zum Beispiel am 9. Mai 2014 im Posthof, Linz. (vgl. http://www.paut.at/zauberkugel/ . Zugegriffen am 01.02.2015 um 11:24)

6.6 Wanda

„Die augenblicklich beste Wiener Band der Welt" (http://derstandard.at/2000004889602/So-feiern-die-Veteranen . Zugegriffen am 01.02.2015 um 11:36) traf mit ihrem Debüt-Album „Amore", das 2014 ebenfalls bei „Problembärrecords" erschien, den Nerv der Zeit. Hits wie „Bologna", „Auseinandergehn ist schwer" oder „Schickt mir die Post" haben es-ähnlich wie einige Lieder von „Der Nino aus Wien"-sowohl zu einer heavy rotation beim österreichischen Alternativ-Sender Fm4 als auch zu regelmäßiger Wiedergabe auf dem Kultursender ö1 gebracht. Vor ihrem endgültigen Durchbruch in den Mainstream, der ungefähr mit Jahreswechsel eintrat, waren „Wanda" ebenfalls oft als Support von „Der Nino aus Wien" zu hören, wie zum Beispiel am 23.11.2014 im Milla, München. In einem Interview mit dem *Falter* nennt Marco Michael Wanda - der Sänger der Band - Nino Mandl als Vorbild in Sachen deutschsprachige Texte (vgl. http://www.falter.at/falter/2014/12/02/der-tod-droht-ja-auch-staendig/ . Zugegriffen am 15.02.2015 um 23:15 und http://www.problembaerrecords.net/artists/problembaer-bands/a/wanda/. Zugegriffen am 01.02.2015 um 12:03)

6.7 mob

2006 gründete Raphael Sas die Band „mob", deren Sänger, Gitarrist und Komponist er bis zur Auflösung im Herbst 2011 war. Weitere Mitglieder waren Manuel Prenner am Schlagzeug und die Brüder Christian und Stefan Franke am Bass und am Piano. Manuel Prenner spielte Bass beim „Walzerlied" des „Der Nino aus Wien" Albums „Down in Albern", was zeigt, wie die Grenzen der Bands zu dieser Zeit verschwammen. „mob" brachte zwei Alben bei Problembärrecords heraus: „Mich kriegt ihr nicht" (2009) und „mob" (2010) und waren so wie „pauT" und „Wanda" als Support von „Der Nino aus Wien" unterwegs, zum Beispiel am 10. November 2011 im Posthof, Linz. (vgl.
http://www.problembaerrecords.net/artists/problembaer-bands/a/mob/ . Zugegriffen am 01.02.2015 um 12:45)

6.8 Raphael Sas (Solo)

Nach der Auflösung von „mob" veröffentlichte Raphael Sas 2012 das Soloalbum „Gespenster", auf dem „insgesamt achtzehn befreundeten MusikerInnen aus dem erweiterten Problembär-Umfeld" (Sas, Raphael (2015): „Re: Arbeit über Der Nino aus Wien " und Anlage „Raphael Sas". (13.01.2015)) zu hören sind. Das nächste Album, dieses Mal mit einer fixen Band, ist für 2015 geplant.

6.9 Ernst Molden

Schon seit einigen Jahren pflegt Nino Mandl seine musikalischen Beziehungen mit Künstlern und Künstlerinnen der älteren Generation wie Walther Soyka, in dessen „nonfoodfactory" „Hotel" vom Album „Schwunder" produziert wurden, oder Ernst Molden. Letzterer ist immerhin 20 Jahre älter als Mandl, was die beiden aber nicht daran hindert, seit 2012 gemeinsam Live aufzutreten und im März 2015 ein gemeinsames Album unter dem Titel „Unser Österreich" herauszugeben. Am 12.März 2015 ist CD-release im Linzer Posthof.

Literaturverzeichnis

„Der Nino aus Wien"

„The Ocelot Show", (Problembärrecords, 2008)

„Down in Albern", (Problembärrecords, 2009)

„Schwunder", (Problembärrecords, 2011))

„Bulbureal" (Problembärrecords, 2012)

„Träume" (Problembärrecords, 2014)

„Bäume" (Problembärrecords, 2014)

„DUM-Das Ultimative Magazin", Jahrgang 10, No.:40/2006

„DUM-Das Ultimative Magazin", Jahrgang 14, No.:62/2012

Hebenstreit, David (2014): „Re: Nino aus Wien". (25.09.2014) Kühn, Wolfgang (2014):

„NINO SONGS".(15.11.2014)

„NINO". (02.11.2014)

Mandl, Nino: „Nino Mandl" [Audiofile]

Redelsteiner, Stefan: „Re: Aw: Vorwissenschaftliche Arbeit über "Der Nino aus Wien" "
und Anlage „Stefan Redelsteiner". (25.09.2014)

Sas, Raphael (2015): „Re: Arbeit über Der Nino aus Wien " und Anlage „Raphael Sas".
(13.01.2015)

Schreier, Paul (2014): „Re: email interview" und Anlage „Paul Schreier". (20.09.2014)

Wukitsevits, David (2014): „RE: der nino aus wien anlage " und Anlage „David
Wukitsevits".(20.09.2014)

Die Email-Quellen wurden aus urheberrechtlichen Gründen für die Publikation entfernt.

Online Quellen:

http://www.falter.at/falter/2011/11/01/drogen-die-machen-doch-nur-aerger/ . Zugegriffen
am 13.09. 2014 um 19:34

http://indeterminismus.wordpress.com/tag/mandl/. Zugegriffen am 13.09.2014 um 21:09

http://www.problembaerrecords.net/artists/problembaer-bands/a/krixi-kraxi-und-die-kroxn/ .
Zugegriffen am 29.01.2015 um 20:45

http://www.skero.at/filter/music/ABOUT. Zugegriffen am 01.02.2015 um 10:33

https://www.youtube.com/watch?v=6cWG7oERPEM . Zugegriffen am 01.02.2015 um 10:45

http://www.problembaerrecords.net/artists/problembaer-bands/a/worried-man-worried-
boy/ . Zugegriffen am 01.02.2015 um 10:54

http://www.paut.at/zauberkugel/ . Zugegriffen am 01.02.2015 um 11:24

http://derstandard.at/2000004889602/So-feiern-die-Veteranen . Zugegriffen am 01.02.2015 um 11:36

http://www.falter.at/falter/2014/12/02/der-tod-droht-ja-auch-staendig/ . Zugegriffen am 15.02.2015 um 23:15

http://www.problembaerrecords.net/artists/problembaer-bands/a/wanda/. Zugegriffen am 01.02.2015 um 12:03

http://www.problembaerrecords.net/artists/problembaer-bands/a/mob/ . Zugegriffen am 01.02.2015 um 12:45

Abbildungsverzeichnis

Schlusswort

Durch Liveauftritte und Studioalben der Band „Der Nino aus Wien", die ich etwa seit 2010 beobachte, wurde ich zu meinem Thema inspiriert. Die von mir im Erwartungshorizont angestrebte Dreiteilung der Arbeit in Entstehung der Band, „Down in Albern" und „Schwunder" im Vergleich und die Verbindungen der Mitglieder in der Szene konnte ich gut umsetzen. Vor allem der Vergleich der Alben hat mein ganzes musisches Wissen gefordert, das ich durch den musisch-kreativen Zweig und privaten Unterricht erlernte, und dieses auch um ein Stück erweitert. Ich hoffe, mit dieser Arbeit interessierten Menschen einen Teil der aktuellen österreichischen Musikszene ein wenig näher gebracht zu haben.